JN439941

행복한 동행

공복자 시집

세종출판사

광창상사

깨어있는 울릉도

울릉도는 잠을 자지 않는다
맑은 물을 위해서 밤새 바닷물을 정화 시킨다
어미가 된 괭이갈매기는
파도에도 눈을 떼지 못하고 조각 잠을 잔다
어부도
상인도
바다물길도
늦은 밤까지 작업하고도 모자라 동트기 전부터 부산하다
출항을 위해서 그물이며 밧줄을 정리한다
괭이 갈매기는 에~ 에~ 에~
어부보다 더 분주하다
부지런한 울릉도 사람은
내 식구를 위해 조각 잠을 자고도
아침이면 거뜬하다
그러고도 울릉도는
대한민국의 마지막 보루(堡壘)인 독도에게
응원한다
힘내라고!

여행을 통해서

1월의 희뿌연 새벽
드림투어를 타고 덕유산으로 출발한다.
김해, 창원 들러서 함양
8시인데도 아직도 안개에 쌓여 시야가 흐리다.
차는 남해고속도로를 달린다.
덕유산 자락 겨울나무에는
서리가 맺혀 얼어버리고
차가운 바람에 눈은 겹으로 얼어서
인고의 나날이 승화된 눈꽃!
영하 30도를 오가며
서리와 눈과의 사투에서
시간으로 얼어버린 결정체, 상고대
나는 오늘 그 상고대를 보고자 덕유산으로 간다.
난생 처음 접할 상고대에 가슴이 설렌다.
유리창 자욱한 안개에
감당할 수 없었던 성장 통이 서린다.
지금 이 시점 아픔의 순응함으로
의연히 환희가 될 때
나는 비로소 어른이 된다.

덕유산과 상고대

기도 / 홍도 도승바위

생명 / 청송 주왕산 주산지

환희 / 거제도 해금강

시인의 말

요즘의 나는 봄꽃 찾아 이곳 저곳 기웃거리다 내가 사는 아파트 정원을 보니 벚꽃, 동백꽃, 연산홍이 만발한 것을 봅니다.

만발한 꽃을 보니 행복의 정원, 미래의 나라, 추억의 나라를 찾아 밤새도록 헤매다 파랑새를 찾지 못한 채 꿈을 깨고 보니 바로 머리맡 새장 속에 파랑새가 있었다는 동화가 생각이 났습니다.

행복이란 어디 있을까? 나의 파랑새는 하면서 찾아 다녀도 결국 행복이란 내 가까이 있다는 것이겠지요.

살아 있는 한 나는 일상과 동행합니다. 내가 믿는 창조주 하느님과 사랑하는 나의 가족과 친구와 자연과 동행합니다. 힘들 수도 있지만 행복하게 동행합니다.

시집 <행복한 동행>을 출간하도록 인도하여 주신 주님께 감사드리며, 곁에서 힘과 스폰서가 되어주는 옆지기에게 고마움을 전합니다.

2018. 5

공 복 자

차 례

포토시

1부 나무비

2부 꿈을 꾸었습니다

3부 행복한 동행

1부

나무비

나무비

누가 뒤에서 쳤다.

툭!

생뚱맞다.
누구야?

우두 두둑

하늘을 본다.

구름 한 점 없이 맑은데
내가 가는 발길에 비가 내린다.

어라,
나무에서 새총을 쏴댄다.
나무가 나하고 놀자고 한다.

게발 선인장

너를 처음 만났을 때 활짝 피었다.
너에게 흠뻑 빠진 때는 그 해 봄뿐이었다.
너의 붉은 마음은 간 곳 없는데
너는 푸르른 마음으로 항상 나의 곁에 있다고 한다.
한 해가 가고 또 한 해가 가고
너를 향한 기다림은 이렇게 간절한데
.
.
.
오년이나 지난 지금
붉은 마음 다시 보여 주었네.
얼마나 참았을까?
얼마나 힘들었을까?
정말 기쁘다.

오늘의 기도

주여!
오늘도
갈등의 산을 넘어야 했습니다.
주님을 사랑하는데
험한 계곡은 왜 그리 많나요?

주여!
번민의 산에서 벗어나
휴식이 있는
진리의 열매가 맺힌 곳으로
나를 인도하여 주소서.

주여!
힘없이 나약한 저에게
주님의 빛을 비추시어
안일하고 나태한 정신을 깨게 하여
범사에 감사한 마음 심어 주소서!

용천 마을의 슬픔

– 2004년 4월 22일 평안북도 신의주 지역의 용천군 용천역 열차 폭발사고 발생, 애도시

추운 겨울 지나
새순 돋아나는 봄이 왔는데
가끔 눈바람이 얼굴을 시리게 하는데

아픔의 세월을 보내온
북녘 동포들 가혹한 일이 또 벌어지니
용천역의 열차는 하늘 높이 치솟아
어미와 아이의 살갗
피바다를 이루어
눈물의 아수라장이 되었습니다.

북한의 빼앗긴 자유
철 없는 어린애들 눈물
절규하는 어미들의 아픔

아이야
힘을 내어라.
초록으로 피어나
이 땅의 새싹이 되어야 한다.

힘내어라.
이 어려움 이겨라. 아이야

누구의 잘못인지?
안타까운 마음
터지는 가슴으로 같이 울어 봅니다.

용천 사람들의 고통
헐벗고 굶주린 그들에게
가려해도 갈 수 없는 북녘 땅
마음으로나마
기도하며
아픔을 나누고자 합니다.

동경銅鏡

아침이면 기도합니다.

하늘에 계신 우리 아버지
오늘도 이웃과 갈등 없이 지나가기를

그리하여도
갑자기 불어온 언어의 공격에 정신이 멍합니다.
내 마음 같지 않은 일들이 펼쳐집니다.
마음에 상처를 입습니다.

곰곰이 생각해보면
나도 남에게 상처를 주었습니다.
상대편이 하는 그 모습이 내 모습이란 것을 깨달을 때에는
이미 물을 엎질러진 것처럼
말을 주워 담으려니 힘이 듭니다.

그제야 침묵이 금이라는 것을 알게 되었습니다.

영성의 집에는

무언가에 쫓기듯
바쁘게 사는 현대인
양산 어곡동에 위치한 영성의 집에서
오늘은 한시름 잊고 나를 돌아보고자 한다.
강의를 맡아주신 강우현 요아킴 신부님
철야피정으로 육신은 피곤할지라도
정신은 사랑과 소명감으로
주님 말씀 전하고자 열광하신다.
세상은 휘황찬란하게 화려해도 아랑곳 않고
영성의 집 피정 봉사하시는 분
점심식사 준비하시는 그분의 얼굴은
주님의 사랑
빛이 잔잔하게 드리운다.

습관

인라인을 타기 위해서
버스에서 내려 골목길로 들어간다.
대로는 차가 많이 지나가기에
골목길은 매연도 덜할 것 같아서 계속 다녔다
벌써 이렇게 다닌 지가 1년이 되었을까?

하루는 골목길을 가지 않고
대로로 가보니
골목길로 갈 때 도착지점과
대로로 갈 때 도착지점이
상당히 떨어져 있음을

삼각지처럼
처음의 시작은 같은 곳이지만
끝의 도착지점은 너무나 멀어져 있는
그래서 원하는 곳으로 가려면
멀어진 길을 돌아서 가야만 했다.

이런 길을 1년이나 지나서 느끼다니
죽을 때까지 느끼지 못할 이 길을
습관적으로 가던 길을
계속 가는 나

쌀콩*이 천사

2016년 5월 16일 10시 50분
엄마 뱃속에서
쌀콩이는 세상으로 나왔다.
응앵도 아니고 앵앵
공주가 참 박력 있다.
태어날 땐 세상을 움켜잡을 듯이
손을 꼭 진다더니
참말로 손을 꼭 움켜잡고 있다.
"쌀콩아! 할머니다." 하면
방긋 웃으며 입 꼬리가 올라간다.
아직 보이지 않을 텐데
방긋 웃어준다.
자는 모습이 천사다.
오늘도 천사가 보고 싶다.

* 첫 손주 태명

서현*이 돌

천사의 아기로 왔더니
벌써 1년, 돌이 되었다.
며느리는 돌잔치를 위해 화장도 하고
이쁜 한복도 마련했는데
아들도 딸을 보니 대견스럽게 어른이 되었네.

돌잔치를 하기 전 야외에서
엄마와 아빠와 가족사진을 찍는데
아기가 아빠 다리위에 자기 발을 올린다.
뽈짝뽈짝 뛰면서 아빠의 신체를 느끼며
존재감을 느끼는 것 같다.

아빠는 딸을 안고
그네를 타고 미끄럼을 타며
친밀한 모습으로 나타난다.
아기의 탄생과 1년 동안의 성장과정을
아기에게 사랑 가득한 마음으로
엄마는 동영상을 편집한다.

서현이는 돌잡이를 하얀 실(건강)을 잡는다.

돈도 수북하고 청진기(의사),
마우스(프로그래머), 공(운동선수)이 있지만
아기도 건강이 최고란다.

그래, 아가야!
건강하게 자라라.
미래는
꿈을 꾸며 열심히 나아가면 된다.

* 첫 손주 이름

10월의 어느 멋진 날에

유난히 나뭇잎이 예뻐서
나뭇잎을 바라보면
나뭇잎 사이
푸른 하늘이 보이고
푸른 잎사귀가 하늘거려서
맑고 푸른 가을 하늘임을 감지하는 순간
가슴은 설렘을 일으킨다.

이런 멋진 날
난생처음 인라인 대회에 출전하는 날이다.
인라인!
이 단어만으로도 가슴이 설레지 않는가?

살랑거리는 가슴에
252번을 붙이고
삼락운동장을 질주한다.
넘어지지 않고 1,000m 완주다.

땅! 총소리
가슴은 어둠을 헤치고 태양처럼 환해진다.
삼락운동장은 정열의 열기로 후끈거린다.
용기 있는 자만이 미래를 가질 수 있다.

당신과 함께라면

당신과 함께라면
버스를 타도 리무진을 탄 듯이
봄바람처럼 마음이 살랑거리는데
끓는 된장국도 바글바글 멸치 향기 솔솔

많이 가지고도 더 가지고 싶어
아옹다옹 고양이처럼 옆 눈 쳐다보며
눈 내리깔다가 기회만 되면
잽싸게 야~옹 하는 사람들보다

자갈치 앞바다
파도 소리에 검붉게 그을려 하얀 이빨 드러내
오늘도 감사기도 드리는 소박한 자갈치 아줌마
욕심 없는 마음이 소중하여 생선도 팔딱팔딱
사랑하는 가슴도 두근두근

우리 모두 행복했으면 좋겠습니다

한 치 앞도 내려다볼 수 없는 세상
세상이 끝날 것 같이 힘들다지만
그리 아파할 일도 아닙니다.
기가 막힌 일도 명상으로 호흡 해봐요.
견디기 힘든 문제도
언제 그랬느냐는 듯이
인생은 지나고 보면
최선을 다한 것에 행복하지요.
안개에 싸인 길도
눈앞이 깜깜하던 생각들도
아득하게 떠나보낼 때
맑아지는 머리 기쁨이
샘물처럼 용솟음치며
당신이 계시기에
살아가는 이유이기도 하지요.
나에 대한 당신의 믿음을 위하여
당신에 대한 나의 사랑을 위하여
우리 모두 행복했으면 좋겠습니다.

우산 속 인생

한적한 오후
바람을 몰고 온 비
우산을 쓰고 나왔다.
남편 하나, 나 하나
우산을 보니
내 것은 모양새가 흐트러져 있었다.

나올 때는 비에 젖을까
나오지 말까 망설임이
콧구멍에 바람이 들어가니 신바람이 났다.
흥얼거리며 바람도 친구하며
학교 뒤편으로 들어갔다 나갔다.
학교 4군데를 지나는 동안
바람은 우산을 거세게 젖히며 지나간다.
이렇게 저렇게 바로 잡아도 .
우산은 제 모양으로 돌아올 수 없다.

남편의 우산살은
뼈대 굵은 사람처럼 튼튼한데

내 것은 약한 아이처럼
다리가 비실비실
제자리도 못 잡고 휘어져 버렸다.

원래 튼튼한 우산은
거센 바람에도 꿋꿋하게 견딜 수 있고
내 찢어져 버린 우산은
원래 약하게 태어나
조금이라도 세찬 바람에도
원래대로 돌아올 수 없는
우리의 인생역정

그대 그리운 오후

동백꽃
붉게 지고
아카시아 향기로
울렁이는
오후

희망

오늘 하늘을 보았습니다.
사람들이 만든 멋진 세상에서
잠시,
하늘을 올려다보았습니다.

명치가 막힌 듯한 답답함이
시원해졌습니다.
머리도 개운해졌습니다.

주님께서 그저 주시는 선물에 코끝이 찡합니다.

산청 남사 예담촌

재수 좋은 아침

유난히 햇살 반짝이는 날!
집 가까운 동산이었어.
그녀들의 건강 체조
허리 돌리고
팔 다리
하나 둘
목 운동
지구를 이쪽으로 한바퀴
저쪽으로 한 바퀴
쉼 호흡 하나
즐거운 웃음소리
산채 비빔밥 한 그릇.

우연히

사람에겐 이유 없이 생기는 일들이 많지.
어떤 계기인지 몰라도
우연히 나에게 행운은 찾아들었고
우연히 슬픈 일이 곁에 머문 적이 있었지.
어제 발랄한 너를 보았어.
무심코 물어보았던 거야
일상적인 너였기에
그런 너에게서 엄청난 상처를 발견했지.
아름다운 나무에도 벌레를 안고
알차게 여문 나무도 있겠지.
봄 햇살 따사로운 날
우연히 행복하게 너를 만나서
황금빛 믿음이 속살거리던 어느 가을날
가지치기 하듯 헤어져야만 하는
온도가 변화하고
환경이 달라지니까?
합리적으로 겨울을 맞이해야겠기에

참으로 다부진 그대에게

사람을 만나다 보면
여러 가지 부류가 있다.
2% 부족한 사람
10% 부족한 사람
2% 넘치는 사람
10% 넘치는 사람

약간 부족하다고 느끼는 사람이 보기가 좋다.
넉넉하고 완벽으로 가고자 노력하는 모습이
참으로 인간적이다 싶다.

이별 없는 그곳에서

한 커트
한 커트
소중한 커트가
암실 속에 잉태되어 가는 아날로그는
퇴색된 구시대의 도자기 예술처럼
추락의 아픔에도
빛은 그녀의 얼굴에 조화롭게 스쳐
은빛 느낌이 살짝 닿을 때
실루엣의 질감은
수정연필로 사각사각
베레모에 돋보기 쓴 작가의 요술은
책 속으로 들어가 버리고
컴퓨터의 포토예술로
환상의 날개 푸드덕 날아서
너의 어깨에 내려앉은 합성예술

꽃이 피니 그대를 봅니다

산을 넘어가면 지름길이 있다.
어제 본 풀을 뒤로하고
다소 바쁜 아침
일거양득의 발걸음은 녹색의 산으로

"안녕하세요!"

누가 나를 부른다.
눈에 들어온 노오란 꽃
머리로 가슴으로 그대를 향한다.

정말!
그대가 꽃이 아니었던들
그냥 지나쳤을 텐데

당신은 노오란 색깔로도 나를 부를 수 있군요.

가을바람에 나팔꽃이
- 공항로 언덕에서

가을바람에
파르르~
파르르~
유난이 떨고 있는 나팔꽃
카메라로 다가가니
가슴에 쏙 들어오는 나팔꽃

"안녕하세요!"

물풀과 대화

낙동강 하류 습지에 가면 부레옥잠과 물풀이 많다.
아늑한 습지에서
노을과 함께 놀던 물풀을
우리 집 베란다로 옮겼다.
채우지 못한 욕심을 달래려고 가지고 온 물풀은
바닥으로 몸살을 하는 듯이 나지막하게 누웠다.
다음 날, 물풀은 키를 세운다.
물풀은 나의 욕심과 생명의 강인함을 키 재기 하는가?
그 다음날은 끄덕이며 미소로 화답한다.
나의 물질에 대한 욕심도 이해하면서

행복의 깊이

아침 토크쇼에 자리에 대한 말이 나왔다.
어느 방청객이 칼 퇴근 칼 출근을 위해서
직장을 구하다보니
강남에 있는 직장을 구했다.
인천에서 강남까지 두 시간 왕복 네 시간
퇴근은 그나마 괜찮다.
출근길의 전철은 밀려오는 승객 틈에 자리싸움
직장 잡기도 힘들다.

백양산 기슭 오솔길을 지난다.
별꽃들이 바람에 떨어진다.
아파트가 보이는 때죽나무가 많은 오솔길은
깊은 산길이나 다름없다.
벼랑가로 낙매를 방지하기위해 쌓은 돌담이 정겹다.
때죽나무 사이로 아침 햇살이 나에게 서광을 비춘다.
머리 위에는 까치가 운다.

처음처럼

푸른 잎새
낙엽 된다 해도
우리 마음
처음처럼
변치 않기로 해요.

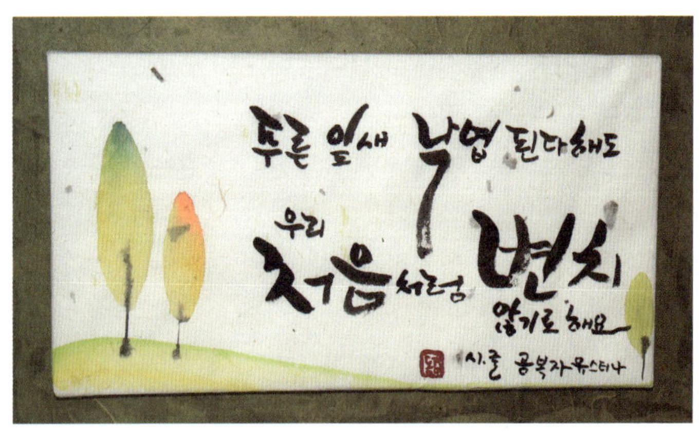

2부

꿈을 꾸었습니다

꿈을 꾸었습니다

한낮에
가슴을 억누르며
참고 참았던 가슴

꿈쩍하지 않았던 마음이
꿈을 꾸면서
짓눌림을 말합니다.

숨 막힘에
눈물을 흘리며
말합니다.

"참 잘했다."
"참 잘 참았다."

나의 조국

나에게 조국이란 무엇일까?

조국이란 공기와 물과도 같은 존재다.

공기가 없으면 숨을 쉴 수가 없다.

물이 없으면 살아갈 수가 없다.

있다면 필요성을 모르고

없으면 안 되는 것.

나의 생명이다.

대한민국이 좋다

내가 사는 곳이 좋다.

고향의 풀 향기가 좋다.

가을걷이 끝난 텅 빈 벌판이 좋다.

화려하지 않고
경쟁적이지 않은
냇가의 송사리가 좋다.

내가 태어난 대한민국이 좋다.

아버지, 어머니가 묻힌
대한민국이 좋다.

새날은

새날은 새벽녘 아침 안개 아련할 때
이불을 박차고 일어나는 일이다.

새날은 안개 아련함 속에서도
간직한 추억을 환희로 여는 일이다.

새날은 새로운 계획을
하나씩 하나씩 세우는 일이다.

새날은 세운 계획을
하나씩 하나씩 실천하는 일이다.

새날은 잘못된 마음을
흐르는 시냇물에 머리를 씻는 일이다.

평화

현실은 평화공존의 시대다.
눈에 보이지 않는 세상은 전쟁 중이다.
개인과 개인이 경쟁하고
나라와 나라가 경쟁하고
가장 토속적인 것이 가장 세계적인 것이라 했다.
나에게 가장 충실 하는 것이
나라의 이익에 충실 하는 것이다.
김연아나 싸이도 자기 자신에 충실하였기에
현재의 자기가 있는 것이다.
직장으로 지식으로
삶의 가치는 무엇일까?
많이 이루었다고 성공한 것도 아닌데
눈에 보이는 것은 평화다.

침묵하고 싶을 때

잔잔하게 비가 내린다.

살다 보면
변명하고 싶지 않을 때
시간이 흘러가기를 바랄 때
어찌할 수 없는 상황일 때
상대방이 나를 이해하지 못할 때
정말 어처구니없을 때
나의 잘못도 있을 때

더 나은 내가 되고자
머리를 조아리며 마음의 소리를 들어본다.
비조차도 내 마음을 읊조리며
나를 대신하여 소리를 낸다.

쭈루룩 쭈루룩

빗소리

오랜만에 들어보는 빗소리
처러렁 처러렁
처마를 치는 빗소리
어린 시절 양철지붕 소리.
철렁철렁 철렁철렁

세월이 흘러 희미해질 뻔도 한데
양철지붕 빗소리는
뇌리를 친다.

처러렁 처러렁
들려오는 빗소리에
철렁철렁 철렁철렁
추억의 빗소리 울린다.

다독거리기

왠지 모르는
두려움, 낯설음
공포를 느끼는 아침
밤사이 산바람이 불지 않았다.
푹푹 찌는 무더위라도
열대야로 잠 못 이룬다고 해도
밤사이를 설쳐 허리며 다리가 불편하다.
아침 운동이 늦어버렸다.
온 몸이 욱신거린다.
두려움, 공포가 가까이 있다.
어제 계획했던 것이 부질없는 것이 되려나?
두려움, 낯설음에서 빠져나와야 한다.
공포를 이겨라!
용기를 가져라!

슬픔이 또 다른 슬픔에게

슬픔이 또 다른 슬픔에게
강해지라 한다.
슬픔의 깊이는 웅덩이 깊은 우물만한가?
고니와 오리가 놀고 갈 수 있는 호수 같은가?
아무도 오지 않아서
수풀 무성한 원시림으로 남았는가?
귀하고도 순수한 너에게
내 한 마디가 야속하게 들릴지 모르지만
그 슬픔은 공명하여
온 산을 푸르게 한다.

내 안의 섬

살다 보면 괴로울 때도 있습니다.
약간의 상처에선
남하고도 대화를 하고 싶을 때도 있습니다.
하지만 마음을 문을 닫고 싶을 때도 있습니다.
그것은 누구 때문도 아닙니다.
그저 사는 게 힘들 때도 있습니다.
들어주지 못하시겠다면 가만히 있어 주셔요.
돌을 던지지 마셔요.
그렇지 않아도 마음이 아프답니다.
당신에게 그 돌 던진 이유조차도
묻기 싫을 때도 있답니다.
자신의 이야기를 한 마디라도
따뜻하게 들어줄 사람이 있다면
죽어가는 생명도 구할 수 있다고 하지 않았습니까?
절망의 순간 누구든지 불길한 생각까지도 합니다.
무엇이 그리 급하십니까?
과연 옳은 일에 대해 남 대신
자기 목숨을 내놓으신 적 있습니까?
무엇이 그리 관심입니까?

왜 그리 마음 상하셨습니까?
시간이 지나면
혼자서 상처를 치료하고 나올 법도 하지요.
기다려 주셔요.

버릴게 아직도 많아서

버릴 게 아직도 많아서인지

옆에, 사람을, 아직도 불평한다.

이방인

한낮 강열한
그대의 태양빛에
눈이 어두워졌습니다.
서산이 가까워진 줄도 모르고
부딪쳐 버렸네요.
발밑에 넘어진 노을
빠알간 아픔이 되어
어둠을 시리게 합니다
가슴 속에 물든 붉은빛
어찌할 수 없이
토해내는 시는
썩은 피가 되어 흐릅니다.

문 없는 문

항상 들락거렸다.
문 없는 문을 열어
하루에도 수도 없이

친구는 어디에든 있었다.
이곳이 아니면 외로울 것 같았는데
그 곳에도 나와 같은 류類들이 있었다.

그 친구도 수없이
문 없는 문을 오가다가
우연히 나를 만났다.
우린 서로 다른 길을 갈 때는
축복보다는 바보라고 놀렸다.

이상과 현실을 오가면서
어둠과 밝음을 들락거리며
사랑과 미움 사이에서
갈등과 용서를 하면서

세월

하루도 후딱

한 주도 후딱

한 달도 후딱

일 년도 후딱

10년도 후딱

한 평생도 후딱

외로움을 벗어나려고 노력합니다

외로움을 벗어나려고 발버둥칩니다.
나이가 들어갈수록
자꾸만 외로워지는 것은 왜일까요?
오늘은 운동에 마음을 두고
내일은 사람을 만나는 일에 몰두하고
그러다 몸이 지치면 쉬고

아! 그때
혼자가 좋다는 것을 느낍니다.

모순되지 않는 것은 없다

일을 처리하기에 급할 때가 있다.
모든 이들이 거의 자기 손아귀에 들어왔다고
생각할 때이다.
밥 한 그릇도 내기일 수이다. 차 한 잔도 잘 낸다.
어쩌면 그는
자기가 먹은 밥값을 자기가 내는 기회를
빼앗았는지도 모르겠다.
쑥스럽지만 자기 밥값을 낼 재력이 되지만
남의 것까지 대신 내기에는 많은 생각을 한다.
재력이 부족하다.
남의 밥값을 대신 내기가 아깝다.
다음 기회에 내고 싶다.
그런저런 이유를 주저하는 사이 그는 재력을 과시한다.
그러면서 그는 대중을 좌지우지하는 줄 알고 있다.
하지만, 대중은 그리 무식하지 않다.
대중은 내가 싫으면 그들도 싫고
내가 좋으면 그들도 좋아하는 습성이 있다.
대중이 주저주저하는 사이에
그는 자신의 목적을 위해 전진한다.
하지만, 대중은 저지한다.

거울은 한 면뿐이기에 더 나아갈 수 없다.

일을 급하게 처리하고 싶은가보다
자신의 치밀성과 꼼꼼함과 추진력을 과시하고자
여러 가지의 서류를 가지고 그들에게 내놓는다.
대중은 일전에 한 번의 저지로 내심 미안하다.
밥 한 그릇도 어쭙잖게 얻어먹었는데
수박도 한 조각도 어쩌다 보니 먹었는데
두 번의 거절은 낯 붉거지는 일이다.
누가 그랬던가?
친구가 거름 지고 장에 가는 데 따라간다고?
그만치 우리는 친구와 놀기를 좋아한다.
마누라 잔소리보다도 매혹적인 친구의 음성
그래, 무슨 나쁜 일이 있을까?
서로 좋다는데 대중을 위해서라는데
박수 한번 쳐주는 게 무슨 대수인가?
부어라, 마셔라, 띵까띵까
기둥뿌리가 무너질까?

그 사이 나라 기둥도 무너져가는지
대중은 인식하지 못한다.
도장 찍자, 사인해라.
귀찮지만 어떡하니?
이미 손뼉을 쳤던 것을

거울을 뚫고 들어갈 수 없지.
그럼 깰까?

초혼

– 사진과 필름의 운명

세월의 흔적을 안고
퇴색되어버린
내 마음의 멍에와 함께
던져 버리기를
세월의 유수만큼이나 굳어버린
정리함을 열어보니

필름은 세월은 고스란히 안고
벅차게 웃고 있었습니다.
이 필름은 그때 무슨 생각을 하고 있었나?
세상을 보는 시각이 어떠했나?

필름과 사진과 동거하면서
유행이 스쳐간 얼룩진 자국이
주인조차도 알아볼 수 없게
두텁게 채워진 암호는

빛의 조화로
디지털 세상으로

유명을 달리하여
이 세상을 떠난다.

잘 가거라.
세월의 흔적이여!
다시 태어나 유명세를 타는 전사가 되지 말고
오래오래 살아남을 수 있는 못난이가 되려무나.

갈증

푸른 바다가 아무리 푸르고
물이 많기로서니
저 바다를 그냥 마실 수는 없겠지요.

저 높은 산이 아무리 깊게
나무가 우거졌기로서니
저 숲으로 통째 집을 지을 수는 없겠지요.

넓디넓게 깔려진 물건
많고 많은 사람
사랑에 울고 눈물짓는 그리움의 언어들이 산재하지만

인간이기에
비록 허기지고 굶주림에 시달리는
영혼이 찾아오더라도
노을 같은 눈부신 삶을 끌어안아 보렵니다.

민들레*

민들레 온다던 날
찬란하던 태양 어디 숨고
마른하늘에 바람만 부는가?

민들레 홀씨처럼
소슬바람 타고
내 곁에 오신다던 님

님이여!
비바람
폭우로 오시려나?

아직도 이 마음은
봄볕에 나풀되는
아지랑이 옵니다.

* 민들레 : 2004년 7월에 불어온 태풍이름

장마

몸은 노곤하게 늘어져
습한 기운은 뇌세포를 콕콕 찔러
찌들어 가는 경제를 자극한다.
하루하루를 팔딱거리며 보냈건만
가진 것이라고는 먼지 푸석한 책과
가슴으로 솟구치는 아련함.
허물어져 갈수록
공간만 차지하는 물체들이 되어
과감히 내동댕이 쳐보지만
산재되어가는 더미
치우려고 하면 할수록
부풀어 올라
주섬주섬 그 자리로

송장 놀이

모든 것을 놓아라.

팔도
다리도
번뇌도
좋아하는 것도

하늘 향하여

웃어요

백설 젖었던 잎새
게으른 하품 켜는 햇살
이제 아픈 얘기랑 그만해요.

부질없는 인생길이라
허허거리기엔 쓰라림이어도
힘내어 웃어요.

봄볕에 아롱거리는
벚꽃 춤사위
너무 아름답지 않나요.

가슴 펴고 활짝 웃어요.

세상 바라보기

어제 기쁨이 물결쳐서
가슴이 빨갛게 타들어가
빨간 풍선 되어 하늘을 날았지.

푸른 하늘에 맞닿으면
터질 줄도 모르고
마냥 부풀어 즐거워
속살거렸지.

양주의 짜릿함을 느끼듯
포도주의 감미로움에 빠져
커피의 향기에 취해버려
어둠을 좋아하지 않아도
쉴 수 있는 밤이 있잖아.

떠들썩한
그리움이 아니어도
세상을 관조하면서
은은하게 느끼며
바라볼 수도 있지.

거미 1

날파리가 날다가
거미줄에 걸려버렸다.
거미는 살아있는 것이 맛이 있을까?
나를 거들떠도 보지 않는다.
거미는 거미줄을 친다.
나는 청소를 하려고 걸레를 문지르다가
거미줄도 청소해버렸다.
커다란 왕거미가
자기 집을 짓뭉게 버렸다고 원망할까?
청소할 것을 대신해줘서 고맙다고 할까?

거미 2

큼지막한 어미거미는
어둡고 구석진 곳에 산다.
먹잇감을 구하려고 소리를 내지 않는다.
얼마 후 어미는 간곳없고 껍질만 남아 있다.
새끼 거미가 기어 다닌다.
또 시간이 흐른 후에 새끼는 어미만 하게 커서 다닌다.
누가 보거나 말거나
거미는 거미줄을 친다.
거미는 거미 인생
나는 내 인생

거미 3

날파리가 날다가 거미줄에
날파리가 말라서 거미줄에
쇼 윈도우에 청소하지 않으니 거미줄이 쳐져 있다.
걸레로 스~억
먼지를 싹
어둡고 구석진 곳에서 왕거미
왕방울만하게 눈을 굴려도
거미가 눈이 있는지
눈물을 흘리는지
거미에게 세상은 관심이 없다.
거미는 당신이 잠든 틈을 타서
밤 새 무수히 내리는
은하수 달빛 받아 멋진 건물을 지어 올린다.
거미는 거미줄을 친다.

더듬이 1

보수동 책방골목
먹자골목 단팥죽
용두산 공원 꽃시계
광복동 왕비다방
모두 추억의 거리다.

이팔청춘 때
하루에 적어도 두 번
많으면 세 번, 네 번
오가던 거리에서
추억의 더듬이를 세운다.

더듬이 2

둘째가 첫돌이 될 때
지연이네와 같이 와서
비둘기도 같이 놀았던 꽃시계
꽃시계 옆 이순신장군 동상
30년이 지난 지금
그때 비둘기는 어디로 다 갔는지
꽃시계 밑 추억으로 마실 온
사람들 이야기로 가득하다.

사람이 변했다

사람이 변했다며
예전 사람이 아니라며
남편을 보며
아들을 보며
친구를 보며

울며
불며
서운하다며
가슴이 미어진다며
가슴이 아프다며

그렇게
그렇게
되 뇌이었는데

한순간 느낌이 오더라.

얼마나 힘들었으면
변했겠느냐고

갈등

당신과 나는 갈등으로 이루어졌단다.
자기 고집만 세우기 때문이래.
한 가지 질문에
한 가지 답이라면 너무 심심하지.
다양한 생각에
풍성한 행동이라면 사는 것이 재미있겠네.

너와 나는 다르다

너는
고양이 같다
병아리 같다
토끼 같다
하이에나 같다
.
.
.
.
.
.
그럼 나는?
너와 같을 수는 없지 않니?

나를 알고
너를 알고
서로를 알아 가면
살만한 세상이지 않니?

정면 돌파

기다림이
기대가
우박처럼
우두둑 쏟아진다.
찌푸린 하늘에 걸맞은 싫증이
기다림, 이제 그만.
기대, 이제 그만.
숨을 들이마시며
전진!
정면 돌파!

모래성

로또복권을 사서 집을 지어보자.
1,000원
2,000원
3,000원
5,000원
종이 집이 언제 벽돌이 되려나.
복권이 언제 나에게 벼락 칠까?
돈벼락도 맞으면 좋을까?

그렇다는 게지

무작정 걷는다는 게지.
부른 배를 소화시킨다는 게지.
약속 장소를 가야하는데 차비도 절약한다는 게지.
산의 신선한 공기도 만난다는 게지.
관절도 튼튼하게 해보겠다는 게지.
갈맷길을 걷다보니 햇님은 서산을 넘어가고 있다는 게지.
햇님은 나의 마음에 붉은 노을을 남겨놓고 간다는 게지.
아리랑 아리랑 아라리요
아리랑 고개를 날 넘겨주지 않고 간다는 게지.
어둠은 달님과 함께 찾아왔다는 게지.
12월에 내린 하얀 눈은 달님과 함께 나를 반긴다는 게지.
밝음 속의 하얀 눈은 아름다운 그림이다는 게지.
어둠 속의 하얀 눈은 어둔 밤길을
달님과 함께 밝힌다는 게지.
어둔 내 마음을 밝힌다는 게지.

느낌
- 거울에 보이는 것이 실물보다 더 커 보일 수 있습니다

목욕탕에 갔었어.
뜨거운 탕 안에 온 몸을 담구었지.
찌든 일상을 녹여버리게
뜨거운 탕 안에 은근히 다가가고 싶었지.

물방울은 볼록렌즈
보글보글 왕방울
물방울 왕방울
애정 왕방울
뽀글뽀글 왕방울

삶, 그 이후

죽음의 시기가 언제인지 모른다.
급작스레 죽음의 사자는 나타난다.
사랑하는 사람을 두고
그리운 사람을 두고 떠나야 한다.
호사도 명예도 모두 두고 가야 한다.
좋았던 기억이 아롱거린다.
10분만 더 있으면
약속한 사랑하는 사람을 보고 떠날 터인데
죽음의 사자는 야속하다.
간다. 간다. 나는 간다.
모든 것을 두고 떠난다.

두드리는 자에게 문을 열어준다.
그 때가 언제인지 모르지만
그 때가 온다는 것을 주님께서 약속하셨다.
오늘 이 시간 그 약속이 이루어지는 날이다.

3부

행복한 동행

행복한 동행

사랑에 천하고 속된 것이 없습니다.
사랑하기 이전엔
어떤 이론을 들고 나오는 거죠.
사랑만치 진실한 것이 없는데
목숨도 아깝지 않은데
자기 목숨을 쉽게 내어주겠습니까?

같은 길을 가기 위해서는
차곡차곡 인내를 쌓아 올려야겠습니다.
무슨 집을 지을까?
어떤 길로 갈까? 이전에
사람에 대한 믿음이 있어야 합니다.

힘든 상황, 환경들이
견디기 힘들 때도 있습니다.
이웃에서 만나는
어려운 여건을 가지신
육체적인 장애를 가진 아이를 봅니다.

정신박약인데도
많은 사랑을 받은 아이와
구박으로 커는 아이의 행동은 너무나 다릅니다.
천사가 어디 따로 있나요?
같이 아픔을 나누면서
입가에 미소를 잃지 않는 어머니
흠 없이 생글거리는 아이가 천사입니다.

그런 것에 비하면
나는 얼마나 행복에 겨운지?

동행하고자
하나씩 계획을 세워
서로에게 상처받지 않는 친구로
자신의 길을 인정하면서
간다면 가능할 것입니다.

자신 없는 불신이
불안한 마음으로
주변인으로 맴돌게 합니다.

열심히 노력하고
기뻐 받아들이는
당신과 나는
수레에 사랑을 밀고 당기는
힘들지만
행복한 동행입니다.

산길을 걸으며 1

험악한 오르막길에 한 나무가 있다.
자신을 지탱하기 위해서 물이 있는 방향으로
뿌리를 내리며 자신이 살고자 애쓴 흔적이
오가는 사람에게도 계단이 되어 힘을 실어 주고 있다.
길이 된 나무는 가는 방향을 제시하지만
돌아오는 길도 알려준다.

산길을 걸으며 2

산길을 걷는 이에게
쉴 수 있는 그루터기가 된 나무가 있다.
그루터기는 말이 없다.
부모는 자식이 떠난 빈집이 아닌
자녀가 힘들면 쉴 수 있는
그루터기 같은 존재였으면 좋겠다.

산길을 걸으며 3

산길을 걷다보면 바위가 있다.
울퉁불퉁 멋진 바위는 아름다운 작품이 될 수 있다.
평평하고 작품이 되지 않는 바위는
지나가는 이에게
쉬어갈 수 있는 쉼터가 될 수 있다.

산길을 걸으며 4

사람은 때론 멧돼지처럼 저돌적으로 살기도 하고
여우 같이 세상에 화합하기도 한다.
자연의 소리를 흉내 내며
새처럼 아름다운 노래도 하고
폭포수처럼 장엄한 거문고를 타기도 한다.
가다가 걷다가 사색하면 가는 산책길이 힘들지 않다.
자연을 닮고자 하는 삶은 참으로 아름답다.

산길을 걸으며 5

그대여!
자연으로 오라.
가까운 뒷산에 산새가 있다.
자연의 대우주가 있다.
아파본 사람은 안다.
아프면 아무 것도 할 수 없다는 것을 안다.
뛰고 숨가쁘게 살아온 사람은 안다.
인생은 일장춘몽이라는 것을

저마다 살아가는 지표가 있다.
자연스레 핀 꽃도 다 의미가 있듯이
사람만이 살아가는 이유가 있는 것은 아니다,
나무 뿌리도 잎사귀도 꽃도
길가의 돌멩이도 존재하는 이유가 있다,
'너는 어디서 왔으면 왜 거기 있느냐.'고
헉헉되며 산중턱을 마라톤 하는 사람의 이유가 있듯이
그대에게도 그런 행동을 하는 이유가 있을 것이다.

어쩌면 자연은
인생사보다 더 처절할 수가 있다.
비바람폭우가 칠 때가 있다.
산사태가 날수도 있다.
생존을 위해
두꺼비가 뱀에 잡아먹혀 알을 부화하기도 한다.
세옹지마처럼
현재의 불행이 미래의 복일 수 있다.
천천히 걸어보자!

먼저 와서 기다리는 달님

아침이 되어 운동하려고 나오면
기다리고 있던 달님,
날 따라오네.

공원 운동기구에 오면
먼저 와서 나뭇가지 사이로
날 본다.

10년 전 새벽,
청둥빛 하늘을 노래할 때도
거기 있었지.

변해버린 세월에
내 마음 외롭다
노래하면

달님은
날 바라보고 있네.
내 볼을 어루만지네.

자전거로 떠나는 여행

- 일상에서 현실로

자전거로 떠나는 여행이다.
삭막한 도로에
꽃이 되어
자전거로 여행을 떠난다.
가까운 외곽에서도 느낄 수 있는 여행의 묘미
굳이 외국이 아니라도 느끼는 여행의 정취
가까운 곳에서 느끼는 이방의 향취는
자전거 여행이 아니면 느끼지 못하리라.
일상에서 현실로 간다.
바퀴를 굴리며 현실로 간다.
일상의 현실로
돌아올 것을 기약하며

자전거를 타고 밤에
낙동강변을 갔더랬습니다

자전거를 타고 밤에
낙동강변 비포장도로에 갔더랬습니다.
가을이 짙어지니 갈대가 우거져
낮과는 다른 경험이다 싶습니다.

산다는 것은 여러 가지 역경 속에서
더 나아지려는 노력이 행복으로 연결되어
생활에 활력을 주고 기쁨이 됩니다.
가만히 있으면 권태감과 자괴감에 빠질 텐데
하루하루가 지겹지 않게 내일이 기다려집니다.

어둔 밤에 낙동강가 비포장도로에는
헤드라이트로 마주치는 도깨비불
어깨가 으스스
갈대 사이로 한 많은 귀신이 고개를 내밀며
나를 끌어당기는 것만 같아서
바로 뒤따라가는 사람에게
서라!
걸음아 날 살려라.

자전거 바퀴를 쌩쌩 굴리니
비포장도로는 나를 이리저리 미끄러지게 합니다.
밤하늘의 별이 떨어지는
낙동강변 비포장도로에서 나는
우주선을 타고 내려온 우주인이 된 듯합니다.

가을, 여명이 틀 때 낙동강변을 가보라

가을,
여명이 틀 때 낙동강변을 가보라!
동녘 산기슭에 내리는 햇살은
노랗게 익은 나무에겐 노랑색
빨갛게 익은 나무에겐 빨강색을
농익게 비춘다.
햇살은 밤사이
얼마나 대지를 비추고 싶었는지

가을,
여명이 틀 때 낙동강변에 가보면 안다.
새해가 되면
새날을 맞이하려고
산 정상으로 바다로 여명을 만나려고 간다.
여명은 습관이 된 마음을 비웃는다.
산 정상이 아니라도 아침 해는 뜬다.
확 트인 바다가 아니라도 아침 해는 뜬다.

농익게 아침 햇살 비추는
낙동강변에 가보면
내가 발 딛고 사는 대지에
공평하게
아침 햇살 내리는 것을 알게 된다.

승학산 사랑법

가을바람 서늘히 부는 10월의 언저리
승학산 억새가 그리워 오른
승학산.

반갑게 맞이하는 억새는
사하구 당리까지 발을 뻗고
바람의 장단 맞추어
장엄하고 질서정연하게
춤추는 군무.

억새군락 서쪽
정자 앞에서 서면
유유히 흐르는 낙동강, 을숙도, 명지
힘든 세월도 어느새 씻어지는
가을걷이 풍성한 낙동강 하류.

차가운 가을바람에도
억새를 지어미로 두고
각시붓꽃, 구절초, 쑥부쟁이를 피붙이로

가슴언저리 품고 사는 승학산은
애달픈 어머니 같은 사랑.

남쪽 먼발치
으스름 해무 자욱한 다대포
가까운 듯 아스라한
승학산 큰사랑 느끼며
가을 찬바람에 가슴을 쓰다듬는다.

해질녘 해운대로

지글거리는 태양
노을 속에 숨으면

사람을 좋아하는 사람
해운대 백사장으로 모여듭니다.

사람 사이사이 부대낌이
하얀 파도와 같이 조각날 때

가슴을 빨갛게 내보이는
해운대 노을을 만나러 옵니다.

장산에 올라

해운대 장산 입구에 들어서면
대천호수에 잉어가 놀고
대천공원을 지나
체육공원에는 애국지사 강근호 집으로 가는 길이 있다.
펼쳐지는 산자락에 가을이 익어가는 단풍
억새의 멋에 반하여 등산객이 이어진다.
세속의 시끌벅적함을 피할 수 있는 해운대 장산
거친 복숭아가 많다는 유래로 장산이 되었다.
큰 바윗돌 작은 바윗돌로 너덜군락을 이룬 비탈에도
자연의 숨결을 느끼기에 발걸음도 가볍다.
내가 사는 부산에 애착을 느끼며
가뭄에도 망운폭포 거친 소리 귀가 청명하다.
백양산과 해운대 달맞이길
광안리대교와 동래도 보이는 해발 634M 장산은
부산의 자랑

폭포 1

– 장산에서

흐르는 물이 맑아
진 푸른색의 깊이는
가뭄에도 마르지 않는 저 폭포의 위력
산 깊고 물 맑아
창창하게 쏟아지는 물소리
뇌 속까지 맑은 음률
물처럼 살으리라.

폭포 2

– 장산에서

나도 어쩌다 이 폭포에 합류하여
목소리 아름다운 노래로 진동하지만
어쩌다 진흙 가까운 곳에 태어난
또 다른 물은 붉은 색깔도 있지 않는가?
맑은 물로 태어남도 나의 의지가 아닐 수 있고
흐림으로 태어남도 나의 뜻이 아닐 수 있다.
아래에서 솟구치는 물이 되어
위로 올라가 산정의 물이어도
아래로 쏟아짐이 물의 본성인가?
사람 소리 그리워
마을로 내려가련다.

겨울 산행
– 김해 신어산

케케한 마음을
훌훌 털고 싶어서
장롱 속에 묵은 옷을 꺼내 입고
싱그러운 겨울 산에 오른다.

좁다랗고 어설픈
산길을 이어가면서
얼어붙은 흙 사이
햇살에 녹아나는 물에서
케케하던 인정이 살아나고

사람과 사람 사이에
흘리던 언쟁이
찬바람에 시리던 손과 손에
온기가 되어
만지작거린다.

달맞이꽃

밤에 달을 맞는다고 달맞이꽃인가?
밀양시 수산읍 낙동강변
뜨거운 햇살 달군 모래밭에 가 보니
태양 에너지를 받아
튼튼하고 푸른 다리로
바람에 꽃잎 노오랗게 하늘거리네.
혹독한 시련에 잘 견디어
여자의 달을 소생시키는 신비의 꽃
달맞이꽃.
강인하고 아름다운
열 두 치마폭 마음을 가진
내 어머니 같아.

오세요! 오대산 전나무 숲으로

눈부신 햇살이
전나무 숲 사이로 푸르게
푸른 하늘 가을이
상큼한 산소로
숲 사이로
사람들에게 도란도란
전나무에게 두근두근
오세요, 전나무 숲으로
숲을 사랑하고파
사람을 사랑하고파

전나무 숲에서

– 오대산

나무는 나무끼리 소곤소곤
사람은 끼리끼리 수군수군

사람은 푸른 숲이 좋아서
나무는 푸른 사람이 좋아서

하늘로 푸르게
비바람 폭우로도 푸르게

눈부신 햇살은 상큼한 산소를 안고
너와 나는 숲에서 가슴을 펴고

통영 달아 공원

경상남도 통영의 남단
미륵도 해안가
달아 공원에 들어서니
살랑거리는 바람결에
매화꽃 투명한 향기로
이른 봄을 채색하는데

사람들이
웅성웅성
뭘 하나 보니
휴대폰으로
사진을 찍느라
웅성웅성

무념무상 수종사에서

수종사 종소리 떠~엉 떠~엉
마을 아래 울려 퍼져
북한강 남한강이 만나
두물머리 수려한 경치 이루고
기도로 굽이굽이 오르는 계단
세속의 찌꺼기 땀방울로 씻어내려
풀꽃으로 피어난다.
세상 근심 무거울 때
삼정헌 창가에 앉아
소담스럽게 피어난 선인장을 보니
아픔을 이기고 피어난 가시
실학의 대가
다산 정약용 선생님의 눈물 같아라.
녹차를 마시며
우러나오는 다향
세상 고뇌도 아픔도
노랑 나비되어 난다.
하얀 나비되어 훨훨 난다.

증도, 소금밭 낙조

증도 소금밭 낙조전망대
나지막한 동산에 소나무는
우리 동네 뒷산 소나무와 같은데
떨어지는 햇살이 유난히 붉게 강열하다.
낙조 전망대에서 바라보이는
소금밭 노동의 사람
낙조에 반하여 물들어 버렸나.
너무 붉다.

함초꽃이 눈물이더라

염전 작업으로 빨갛게 부어올라
어깨관절에 소금꽃이 피었다.
다리관절에 함초꽃이 피었다.
어미가 흘린 눈물을 너는 모른다.
함초꽃으로 피어났기에
아비의 아픔을 너는 모른다.
소금꽃으로 피어났기에

계룡산 동학사 가는 길에

산사에 들어서니
돌담을 푸르게 감싸고 있는 이끼
고승의 두터운 세월에도
천년의 나무는 사연을 간직하고
찰라로 태어난 작은 생명 이끼
억겁을 이끼도룡뇽과 동고동락하고도
계곡의 물소리는 처음처럼 불경을 왼다.

한양 나들이

KTX를 타고 한강을 지나면서
잿빛 하늘의 서울을 보았어.
서울역에 내려서 명동성당을 가서 인증 샷을 했어.
조선의 왕이 거주했다는 경복궁을 갔었어.
넓디넓은 구중궁궐은 가도 가도 첩첩산중이었어.
백성은 왕을 접견하기가
하늘의 별따기야.
좋은 일이 있으면 가까서 뵐 수 있을 텐데.
서울이 훤히 보인다는 남산에 올랐어.
남산은 관광객으로 넘쳐났어.
한국 사람은 다 어디 갔는지 보이지 않았어.
중국인, 동남아인들만 남산 관광하기에 바빴어.
한강이 가까운 듯 바라보이는 남산
노을 지는 풍경이 아름다웠어.
서울 정경이 훤히 보였어.
남산에 오니 서울 구경 모두 한 것 같아.

덕유산

– 곤도라도 타고 눈꽃 트래킹도 하고

1월의 덕유산은 눈꽃의 세상
눈의 나라에 스키이 타는 자유로움이 있다.
아름다운 설국, 동화의 나라 덕유산
사람이 감히 흉내 낼 수 없는 자연의 솜씨에 탄복하여
나도 곤도라 타고 눈의 나라로 입성한다.
우~ 와 감탄사도 함께 눈꽃을 수놓는다.
태어나서 이렇게 밝게 웃은 적은 없는 것 같은
기분 좋은 설경
높고 험한 산에 올라야만 볼 수 있는
산 너머, 지평선 너머로 보이는 아련한 신비의 세계
아이젠을 신고도 하산 길에 감당할 수 없는 트레킹에도
아이가 되어 미끄럼을 탄다.
우리나라에서 4번째 높은 산
해발 1,614미터 덕유산
정말 가볼만한 곳, 강력 추천한다.

홍도 공소 방문기

해무 자욱한 싱그러운 홍도의 새벽
서해 여행길에 찾은
신안면 흑산면 홍도 공소.
예수님 우리를 반기시고
성모님도 환하게 웃으신다.
신자들의 기도로 이어가는 공소
성전에 펼쳐 있는 성경책은
'이웃을 내 몸 같이 사랑하라.'는 말씀 울린다.
서해의 끝자락
억겁의 풍화작용에도
섬사람의 버팀목이 된 홍도 공소.
예수 그리스도 숨결이 살아 있다.

홍도 공소

울릉도에는

울릉도는
산도 구름도 바위도
발길마다 예술이고 작품이다.
자연과 용광로가 품어낸 작품들
용암이 분출한 산은
황소 뿔 같이
울퉁불퉁 불끈불끈 솟았다.
하느님이 축복이 가득한 울릉도
기암절벽 용암바위 향나무는
한 폭의 그림이다.

바다 속이 들여다보이는
검은 듯 푸른 듯 에메랄드 바다
끓이면 끓일수록 퍼지지 않는
미역은 맛도 좋다.
저동항에는 아낙들이
울릉도 특산물 오징어
수평선처럼 자연을 닮은 울릉도 사람
작업장에서 열심히 살고자 한다.

북면 120만 평방미터 나라분지에는
삼나물 회 무침이 유명하고
양귀비도 살고 사람도 산다.
가파른 경사 길
봉고를 타고 관광을 하니
놀이공원 88열차를 타는 듯이 재미있다.
눈이 녹아서 땅속을 들어가
물이 용천 하는 용천교에는
울릉도만의 수력발전이 있다.

해질 무렵 되니
지평선 너머 신비로운 세계
괭이갈매기는 아늑한 보금자리로 찾아든다.
바다 위에도
향나무 위에도
배 가까이에도 우우, 에에 몰려와
울릉도의 파수꾼이 된다.

독도, 정겹다

태초의 바다 한 복판
어둠 속에서 거친 숨결
용광로의 열기로 태어난
울퉁불퉁 바위섬 독도,
척박하고 거친 파도가 때론 아프다.
파도가 고요해지면
바다는 파란 하늘과 어우러져
딱정벌레, 나비, 벌,
독도장님노린재, 초록다홍알락매미 서로 정겹다.
고난의 세월에도 생명이 숨 쉬는 독도.
괭이갈매기, 바다제비, 슴새, 도요새, 왜가리, 민물도요,
황로, 동고비, 긴발톱멧새 함께 희망을 노래해.
기나긴 여정, 철새도 쉬어갈 수 있는
독도 정겹다.

독도

공복자 시집 행복한 동행

초판1쇄 발행 2018년 8월 10일

지은이 공복자
사 진 한일교
펴낸이 이길안
펴낸곳 세종출판사

주소 부산광역시 중구 흑교로 71번길 12 (보수동2가)
전화 051-463-5898, 253-2213~5
팩스 051-248-4880
전자우편 sjpl@chol.com
출판등록 제02-01-96

ISBN 979-11-5979-242-7 03810

값 10,000원

이 도서의 국립중앙도서관 출판예정도서목록(CIP)은 서지정보유통지원시스템 홈페이지(http://seoji.nl.go.kr)와 국가자료공동목록시스템(http://www.nl.go.kr/kolisnet)에서 이용하실 수 있습니다. (CIP제어번호: CIP2018024805)